« Un bon croquis vaut mieux qu'un long discours »

« Les hommes sont comme les chiffres : ils n'acquièrent de valeur que par leur position »

Napoléon Bonaparte

Le Top du Top

Des classements en tout genre

Sommaire

CLASSEMENT

I Culture

TOP 5 DES LIVRES LES PLUS VENDUS DANS LE MONDE

1- LA BIBLE	+ 5 MILLIARDS DE LIVRES
2- LE CORAN	+ 3 MILLIARDS DE LIVRES
3- LE PETIT LIVRE ROUGE	+ 800 MILLIONS DE LIVRES
4- DON QUICHOTTE	+ 500 MILLIONS DE LIVRES
5- UN CONTE DE DEUX VILLES	+ 200 MILLIONS DE LIVRES

La Bible est le livre le plus traduit dans le monde, précédant le Coran et « Le Petit Prince ».
Le petit livre rouge de Mao Tsé-Toung est un recueil de sentences, que chaque citoyen chinois devait posséder au risque de graves conséquences.

La Bible.

1- CHINE	440 000 LIVRES
2- ETATS-UNIS	304 912 LIVRES
3- ROYAUME-UNI	184 000 LIVRES
4- RUSSIE	101 981 LIVRES
5- ALLEMAGNE	93 600 LIVRES

Concernant le livre numérique, la France progresse légèrement année après année, alors qu'aux Etats-Unis il représente déjà 20 % des ventes.

La Grande Muraille de Chine (voir page 120).

1- NEW YORK – ETATS-UNIS

2- MELBOURNE – AUSTRALIE

3- BERLIN – ALLEMAGNE

4- ISTANBUL – TURQUIE

5- LODZ – POLOGNE

*SELON EDREAMS

Il y a de nombreuses destinations à parcourir sur le globe pour les amateurs de street art.
A New York, un américain s'est vu condamné à payer une contravention de 6.7 millions de dollars pour avoir effacé plusieurs œuvres.

Street art, dessin d'une femme girafe.

TOP 5 DES TABLEAUX LES PLUS CHERS AUX ENCHERES

1- SALVATOR MUNDI – ŒUVRE DE LEONARD DE VINCI
VENDU EN 2017 - 450 MILLIONS $

2- LES FEMMES D'ALGER (VERSION O) – ŒUVRE DE PABLO PICASSO
VENDU EN 2015 - 179 MILLIONS $

3- NU COUCHE – ŒUVRE D'AMEDEO MODIGLIANI
VENDU EN 2015 - 170 MILLIONS $

4- TROIS ETUDES DE LUCIAN FREUD – ŒUVRE DE FRANCIS BACON
VENDU EN 2013 - 142 MILLIONS $

5- LE CRI – ŒUVRE D'EDVARD MUNCH
VENDU EN 2012 - 120 MILLIONS $

Le tableau, Salvator Mundi, a été vendu en 1958 pour seulement 45 livres britanniques. Aujourd'hui, il est la possession d'un pays du Golfe depuis sa vente aux enchères du russe Dmitri Rybolovlev, propriétaire du club de football l'AS Monaco.
A noter, que la loi française interdit la vente de la Joconde dont les spécialistes ont estimé la valeur à 2 milliards d'euros, ce qui ferait l'œuvre de Léonard de Vinci la plus chère du monde.

TOP 5 DES JEUX VIDEOS LES PLUS VENDUS EN FRANCE POUR 2018

1- FIFA 19	1.35 MILLION
2- RED DEAD REDEMPTION	1.01 MILLION
3- CALL OF DUTY: BLACK OPS 4	565 000
4- MARIO KART 8 DELUXE	542 000
5- SUPER MARIO PARTY	380 300

Chaque année, depuis 2014 Fifa est en tête.
Le jeu Minecraft est le plus vendu dans le monde avec 176 millions de ventes, dépassant l'incontournable Tétris.

TOP 5 DES VILLES DE LA MODE

1- PARIS

2- NEW YORK

3- BARCELONE

4- MILAN

5- ROME

L'Europe est le 1ère continent de la mode. La Fashion Week génère en chiffre d'affaires 10.3 milliards d'euros.

Le colisée, Rome, Italie.

TOP 5 DU BOX OFFICE FRANÇAIS

1- TITANIC	20 634 793 ENTREES
2- BIENVENUE CHEZ LES CH'TIS	20 413 165 ENTREES
3- INTOUCHABLES	19 385 300 ENTREES
4- BLANCHE-NEIGE ET LES SEPT NAINS	18 319 651 ENTREES
5- LA GRANDE VADROUILLE	17 273 065 ENTREES

Le film Titanic de James Cameron (1997) raconte l'histoire d'un naufrage qui a couté la vie à environ 1 500 personnes une nuit d'avril 1912. Le paquebot se brisa en 2, après avoir heurté un iceberg, ceci fut provoqué par l'eau infiltrée que d'un seul côté déséquilibrant ainsi le navire. Par conséquent, cette partie beaucoup plus lourde finit par couler en 1er. Donc la partie opposée, plus légère se souleva en pointant vers le ciel pour enfin s'enfoncer dans l'océan.

TOP 5 DES ENTREES AU CINEMA FRANÇAIS 2018

1- LES TUCHE 3	5 687 000 ENTREES
2- LA CH'TITE FAMILLE	5 623 000 ENTREES
3- LE GRAND BAIN	4 000 000 ENTREES
4- TAXI 5	3 653 000 ENTREES
5- TOUT LE MONDE DEBOUT	2 410 000 ENTREES

Ces dernières années, le cinéma français s'est particulièrement bien exporté atteignant des records.

TOP 5 DES MEILLEURES VENTES D'ALBUM INTERNATIONAL

1- MICHAEL JACKSON – ALBUM THRILLER (1982)
66 MILLIONS

2- AC/DC – ALBUM BACK IN BLACK (1980)
50 MILLIONS

3- PINK FLOYD – ALBUM THE DARK SIDE OF THE MOON (1973)
+48 MILLIONS

4- WHITNEY HOUSTON – ALBUM THE BODYGUARD (1992)
+44 MILLIONS

5- MEAT LOAF – ALBUM BAT OUT OF HELL (1977)
43 MILLIONS

Aux USA, Michael Jackson a perdu sa 1ere place au profit des Eagles.

TOP 5 DES ARTISTES AYANT VENDU LE PLUS DE DISQUES DANS LE MONDE

1- ELVIS PRESLEY	+ 1.5 MILLIARDS DE DISQUES
2- THE BEATLES	+ 1 MILLIARD DE DISQUES
3- MICHAEL JACKSON	+ 1 MILLIARD DE DISQUES
4- BING CROSBY	500 MILLIONS DE DISQUES
5- TINO ROSSI	500 MILLIONS DE DISQUES

Au-delà de ses disques Elvis Presley était aussi une bête de scène, avec pas moins de 1 156 concerts aux Etats-Unis.
Quant à Tino Rossi il est le plus important vendeur de disque français. L'interprète du « Petit Papa Noël » reste encore aujourd'hui inégalé.

TOP 5 DES ARTISTES LES PLUS ECOUTES SUR SPOTIFY DEPUIS SA CREATION (2008)

1- DRAKE

2- ED SHEERAN

3- EMINEM

4- THE WEEKND

5- RIHANNA

Au Royaume-Uni, Rihanna a vendu plus de single que les Beatles.
Le rappeur Eminem est le seul américain du classement.

Statue des membres des Beatles, Liverpool, Royaume-Uni.

II Média

TOP 5 DES PAYS QUI REGARDENT LE PLUS LA TELE

1- ROUMANIE   317 MIN/JOUR

2- SERBIE   313 MIN/JOUR

3- PORTUGAL   284 MIN/JOUR

4- HONGRIE   282 MIN/JOUR

5- GRECE   262 MIN/JOUR

COMPARAISON
FRANCE   222 MIN/JOUR

La télévision résiste encore à internet. Le désintérêt pour le petit écran continue progressivement.

TOP 5 DES RADIOS FRANCAISES EN AUDITEURS

1- FRANCE INTER   11.7 %

2- RTL   11.3 %

3- NRJ   9.5 %

4- FRANCEINFO   8.6 %

5- RMC   7.3 %

Cependant, pour la station Europe 1 c'est la chute libre. La station de radio atteint des records d'audience historiquement bas.

TOP 5 DES PAYS AVEC LA PLUS GRANDE LIBERTE DE PRESSE

1- NORVEGE

2- FINLANDE

3- SUEDE

4- PAYS-BAS

5- DANEMARK

COMPARAISON
32- FRANCE

La Turquie est la plus grande prison au monde pour les journalistes qui en compte plus de 68 derrière les barreaux. Le classement se referme avec la Corée du nord puis le Turkménistan.

TOP 5 DES PAYS QUI ONT LE MOINS CONFIANCE ENVERS LES MEDIAS

1- COREE DU SUD	22 % DE PERSONNES CONFIANTES
2- FRANCE	24 % DE PERSONNES CONFIANTES
3- GRECE	27 % DE PERSONNES CONFIANTES
4- ETATS-UNIS	32 % DE PERSONNES CONFIANTES
5- ROYAUME-UNI	40 % DE PERSONNES CONFIANTES

C'est en France que la baisse est la plus significative. Entre 2018 et 2019 seulement, la confiance envers les médias a atteint une baisse de 11 %.

III Economie

TOP 5 DES ECONOMIES LES PLUS IMPORTANTES

1- ETATS-UNIS	21.3 MILLIARDS $
2- CHINE	14.2 MILLIARDS $
3- JAPON	5.1 MILLIARDS $
4- ALLEMAGNE	3.9 MILLIARDS $
5- INDE	2.9 MILLIARDS $

Depuis la Seconde Guerre mondiale, les USA conservent leur 1ere place de puissance économique au monde. Cependant la Chine pourrait être en passe de prendre la tête.

La statue de la Liberté (structure de Gustave Eiffel), New York, Etats-Unis.

TOP 5 DES PAYS AVEC LES CROISSANCES LES PLUS IMPORTANTES

1- GHANA	8.3 %
2- ETHIOPIE	8.2 %
3- INDE	7.3 %
4- COTE D'IVOIRE	7.2 %
5- DJIBOUTI	7 %

COMPARAISON
FRANCE   0.3 %

Le Ghana a connu une famine dans les années 80, aujourd'hui le pays rencontre un important boom économique.
Dorénavant, la Chine ne fait plus partie de ce classement.
L'Empire du Milieu, à l'été 2019, enregistre une croissance à son plus bas historique avec 6.2 %. Ses croissances à 2 chiffres peuvent paraître loin, lorsqu'on sait qu'en 2007 le pays avait 14.5 % de croissance.

Hutte du Ghana.

TOP 5 DES PIB LES PLUS IMPORTANTS

1- ETATS-UNIS   20.5 MILLIARDS $

2- CHINE   13.46 MILLIARDS $

3- JAPON   5.07 MILLIARDS $

4- ALLEMAGNE   4.03 MILLIARDS $

5- ROYAUME-UNI   2.81 MILLIARDS $

Le PIB de la Californie (USA) est plus élevé que celui du Royaume-Uni (2.81 milliards de dollar), de la France (2.79 milliards de dollar), de l'Inde (2.69 milliards de dollar) ou même celui du continent africain (2.33 milliards de dollar). Avec 2.9 milliards de dollar, si la Californie était un pays indépendant, elle aurait le 4éme PIB le plus important du monde.

TOP 5 DES MEILLEURES PREVISIONS DE PIB EN 2030

1- CHINE   26.5 MILLIARDS $

2- ETATS-UNIS   23.4 MILLIARDS $

3- INDE   7.8 MILLIARDS $

4- JAPON   5.4 MILLIARDS $

5- ALLEMAGNE   4.3 MILLIARDS $

L'Asie sera le 1er continent économique.
La France n'intègre pas le classement prévisionnel des 10 premières économies mondiales.

TOP 5 DES PAYS DE L'OCDE* LES PLUS ENDETTES

1- JAPON   238 %

2- GRECE   182 %

3- ITALIE   132 %

4- PORTUGAL   126 %

5- ETATS-UNIS   105 %

*ORGANISATION DE COOPERATION ET DE DEVELOPPEMENT

COMPARAISON
FRANCE   98.5 %

*Le FMI juge la dette française « sujette à inquiétude ».
Le monde n'a jamais été aussi endetté.*

Le Torii, portail traditionnel japonais.

1- LUXEMBOURG	2 071 €
2- IRLANDE	1 656 €
3- PAYS-BAS	1 616 €
4- BELGIQUE	1 594 €
5- ALLEMAGNE	1 557 €

*EN 2019

COMPARAISON FRANCE	1 521 €

L'Allemagne a adopté depuis le 1ᵉʳ janvier 2015 le SMIC qui a déjà connu plusieurs augmentations depuis sa création.

La porte de Brandebourg, Berlin, Allemagne.

1- FRANCE   48.4 % DU PIB

2- BELGIQUE   47.3 % DU PIB

3- DANEMARK   46.5 % DU PIB

4- SUEDE   44.9 % DU PIB

5- FINLANDE   43.4 % DU PIB

La France et la Belgique surpassent les pays scandinaves et leur flexisécurité. Ce système nordique a permis au Danemark de diviser par 2 son chômage.
La flexisécurité permet à l'employeur de licencier facilement et pour le salarié de bénéficier d'indemnités généreuses.

Vieille ville de Norvège.

TOP 5 DES VILLES LES PLUS CHERES DANS L'IMMOBILIER DU LUXE

1- MONACO	48 800 €/M²
2- HONG KONG	44 500 €/M²
3- TOKYO	28 600 €/M²
4- NEW YORK	24 900 €/M²
5- LONDRES	17 700 €/M²

COMPARAISON
10- PARIS	14 500 €/M²

En 2030 le Japon prévoit de finir son projet de ville sous-marine pouvant accueillir 5 000 personnes. Il s'agit de l'Océan Spiral. En 2025, La principauté de Monaco prévoit aussi de s'agrandir mais cette fois-ci sur la mer Méditerranée et gagner 6 hectares de foncier. L'appartement le plus cher du monde est un penthouse de 3 500 m² situé sur Le Rocher. Ce luxueux appartement a été mis en vente pour la coquette somme de 300 millions d'euros.

Le port de Monaco.

TOP 5 DES RUES COMMERCIALES LES PLUS CHERES EN LOYER

1- CAUSEWAY ROAD - HONG KONG   24 600 €/M²

2- CINQUIEME AVENUE – ETATS-UNIS   20 730 €/M²

3- NEW BOND STREET – ROYAUME-UNI   16 070 €/M²

4- AVENUE DES CHAMPS-ELYSEES – FRANCE   13 990 €/M²

5- VIA MONTENAPOLEONE – ITALIE   13 500 €/M²

L'avenue la plus longue du monde se situe à Mexico (Mexique). Il s'agit de l'Avenida de los Insurgentes qui s'étend sur 28.8 km. En comparaison avec l'avenue mexicaine, l'avenue des Champs-Elysées mesure 1.91 km.

TOP 5 DES PAYS LES PLUS CHERS POUR VIVRE

1- SUISSE

2- ISLANDE

3- NORVEGE

4- BAHAMAS

5- LUXEMBOURG

COMPARAISON
11- FRANCE

Le salaire médian islandais en 2018 était de 4 450 euros. La vie en Islande est coûteuse en générale, que ce soit pour une nuit d'hôtel, un déjeuner, des vêtements, les transports...

IV Entreprise

TOP 5 DES SOCIETES LES PLUS PUISSANTES

1- AMAZON (AMERICAINE)

2- MICROSOFT (AMERICAINE)

3- VISA (AMERICAINE)

4- FACEBOOK (AMERICAINE)

5- ALIBABA (CHINOISE)

Amazon pèse autant que le PIB des Pays-Bas.
Lors de la seule « journée des célibataires », le 11 novembre 2018, Alibaba a réalisé plus de 27 milliards d'euros de chiffre d'affaires pour cet événement annuel.

TOP 5 DES MARQUES DE LUXE LES PLUS RENTABLES

1- LOUIS VUITTON (FRANCAISE)   47.2 MILLIARDS $

2- CHANEL (FRANCAISE)   37 MILLIARDS $

3- HERMES (FRANCAISE)   31 MILLIARDS $

4- GUCCI (ITALIENNE)   25.3 MILLIARDS $

5- ROLEX (SUISSE)   8.4 MILLIARDS $

LVMH procure d'excellents résultats par l'intermédiaire de sa marque référence Louis Vuitton avec près de 50 milliards de chiffre d'affaires. Concernant celui de Chanel, il avoisine les 10 milliards d'euros.

TOP 5 DES PARTS DE MARCHES DES MOBILES EN 2009

1- NOKIA	38.6 %
2- BLACKBERRY	19.9 %
3- APPLE	16.1 %
4- HTC	4.5 %
5- SAMSUNG	3.3 %

Fin 2007, Nokia représentait 100 milliards d'euros en bourse et 40 % du marché mondial. L'arrivée de l'IPhone va mettre un terme à cela. Le géant finlandais rate son passage à l'ère du smartphone. En 2012, les ventes chutent de 30 % soit 7.5 milliards d'euros. La chute est dévastatrice. Nokia fut n°1 pendant 14 années.

TOP 5 DES PARTS DE MARCHES DES MOBILES EN 2018

1- SAMSUNG	18.7 %
2- APPLE	18.2 %
3- HUAWEI	16.1 %
4- OPPO	7.8 %
5- XIAOMI	7.6 %

Début 2019, Apple connait une chute record de vente.

V Affaires

TOP 5 DES HOMMES LES PLUS RICHES DU MONDE

1- JEFF BEZOS (USA) AMAZON
125 MILLIARDS $

2- BERNARD ARNAULT (FRANCE) LVMH
108 MILLIARDS $

3- BILL GATES (USA) MICROSOFT
107 MILLIARDS $

4- WARREN BUFFET (USA) INVESTISSEUR
84 MILLIARDS $

5- CARLOS SLIM HELU (MEXIQUE) TELECOMMUNICATIONS
64 MILLIARDS $

Sans son association caritative et ses dons Bill Gates serait toujours l'homme le plus riche.
Niveau français : après Bernard Arnault (Louis Vuitton), suivent les frères Wertheimer (Chanel) et Françoise Bettencourt-Meyers (Oréal).

TOP 5 DES MEILLEURS PLACEMENTS

1- ACTIONS AVEC DIVIDENDES

2- IMMOBILIER

3- ASSURANCE VIE

4- OR

5- SICAV MONETAIRES

L'Inde et la Chine sont les plus importants importateurs d'or mondiaux.
Les Etats-Unis est le pays qui détient les plus grandes réserves d'or (situé dans le camp militaire du Fort Knox) avec 8 133 tonnes, soit plus de 373.4 milliards représentant près de 24 % des réserves mondiales.

1- ETATS-UNIS   585 MILLIARDAIRES

2- CHINE   373 MILLIARDAIRES

3- ALLEMAGNE   123 MILLIARDAIRES

4- INDE   119 MILLIARDAIRES

5- RUSSIE   101 MILLIARDAIRES

1 % des plus riches possèdent 80 % de la richesse mondiale.

Le Pygargue à tête blanche, symbole des américains.

TOP 5 DES PLACES FINANCIÈRES LES PLUS IMPORTANTES

1- LONDRES

2- NEW YORK

3- HONG KONG

4- SINGAPOUR

5- TOKYO

COMPARAISON
24- PARIS

Londres pourrait perdre sa 1ère place en vu du BREXIT.
La Bourse de Paris a vu le jour en 1724, par un arrêt du
Conseil du roi.

Vue panoramique sur Hong Kong.

TOP 5 DES PAYS POUR FAIRE DES AFFAIRES

1- MALAISIE

2- POLOGNE

3- PHILIPPINES

4- INDONESIE

5- AUSTRALIE

L'Asie est la meilleure opportunité pour investir. Ce continent représente pratiquement le tiers du PIB mondial. La région est de loin la plus dynamique du monde...

Tours Petronas, Kuala Lumpur, Malaisie.

VI Personnalité

TOP 5 DES CELEBRITES AMERICAINES LES PLUS RICHES

1- GEORGES LUCAS 5.4 MILLIARDS $

2- STEVEN SPIELBERG 3.7 MILLIARDS $

3- OPRAH WINFREY 2.8 MILLIARDS $

4- MICHAEL JORDAN 1.7 MILLIARDS $

5- KYLIE JENNER + 900 MILLIONS $

L'émission télé d'Oprah Winfrey a été la plus regardée aux USA avec ses 50 millions de téléspectateurs et 150 millions à travers le monde. C'est en 2011 que The Oprah Winfrey Show s'arrête après 26 ans d'antenne.

TOP 5 DES SOUVERAINS LES PLUS RICHES DU MONDE

1- LE ROI MAHA VAJIRALONGKORN (THAILANDE)
FORTUNE 30 MILLIARDS $

2- LE SULTAN HASSANAL BOLKIAH (BRUNEI)
FORTUNE 20 MILLIARDS $

3- LE ROI SALMANE BEN ABDELAZIZ AL SAOUD (ARABIE SAOUDITE)
FORTUNE 17 MILLIARDS $

4- L'EMIR KHALIFA BEN ZAYED AL NAHYAN (EMIRATS ARABES UNIS)
FORTUNE 15 MILLIARDS $

5- LE ROI MOHAMMED VI (MAROC)
FORTUNE 5.7 MILLIARDS $

Les 4 plus grandes fortunes royales du monde sont en Asie. Le roi Philippe de Belgique détient la fortune la moins élevée avec 13 millions de dollars.

TOP 5 DES DICTATEURS LES PLUS CRIMINELS

1- MAO ZEDONG	78 MILLIONS DE MORTS
2- JOSEF STALINE	23 MILLIONS DE MORTS
3- ADOLF HITLER	17 MILLIONS DE MORTS
4- LEOPOLD II	15 MILLIONS DE MORTS
5- HIDEKI TOJO	5 MILLIONS DE MORTS

En pleine guerre, le fils de Staline Yakov, fut capturé par les nazis. Ces derniers proposèrent à Staline de l'échanger contre le maréchal allemand Paulus. Le dirigeant soviétique répliqua que l'on n'échange pas un maréchal contre un lieutenant. Yakov fut exécuté. Quant à sa fille Svetlana, elle fuit l'URSS en 1967 afin de demander l'asile politique aux USA, pays où elle finira ses jours en 2011.

Le Kremlin, Moscou, Russie.

TOP 5 DES DIRIGEANTS EN EXERCICE LES PLUS JEUNES DU MONDE*

1- ENRICO CARATTONI (SAINT-MARIN)	34 ANS
2- KIM JONG-UN (COREE DU NORD)	35 ANS
3- TAMIM BEN HAMAD AL THANI (QATAR)	39 ANS
4- JIGME KHESAR NAMGYEL WANGCHUCK (BOUTHAN)	39 ANS
5- LEO VARADKAR (IRLANDE)	40 ANS

*EN 2019

L'ancien n°1 Sébastian Kurz (Autriche), élu à 31 ans, a été battu en mai 2019.

TOP 5 DES DIRIGEANTS EN EXERCICE LES PLUS AGES DU MONDE*

1- MAHATHIR MOHAMAD (MALAISIE)	94 ANS
2- ELIZABETH II (ROYAUME-UNI)	92 ANS
3- SABAH AL-AHMAD AL-JABIR AL-SABAH (KOWEIT)	89 ANS
4- MARGUERITE PINDLING (BAHAMAS)	89 ANS
5- PAUL BIYA (CAMEROUN)	86 ANS

*EN 2019

Le tunisien, Beji Caid El Sebsi, était le 3ème plus âgé. Il décède en juillet 2019 à l'âge de 92 ans.
Au Royaume-Uni, Elizabeth II est considérée comme une véritable dirigeante.

TOP 5 DES PERSONNALITES LES PLUS PUISSANTES

1- XI JINPING

2- VLADIMIR POUTINE

3- DONALD TRUMP

4- ANGELA MERKEL

5- JEFF BEZOS

*SELON FORBES

En 2009 déjà Vladimir Poutine figurait dans ce classement. Il détient le record en nombre d'apparition. Il est le président de la Fédération de Russie de 2000 à 2008, et depuis 2012.

VII Géographie

TOP 5 DES PAYS LES PLUS PUISSANTS DU MONDE

1- ETATS-UNIS

2- RUSSIE

3- CHINE

4- ALLEMAGNE

5- ROYAUME-UNI

COMPARAISON
6- FRANCE

La superpuissance américaine maintient sa position grâce à son économie, son armée, ses influences politiques, ses influences culturelles, sa population...

Le pont du Golden Gate, San Francisco, Etats-Unis.

TOP 5 DES PAYS LES PLUS PUISSANTS DU MONDE EN 2050

1- CHINE

2- INDE

3- ETATS-UNIS

4- INDONESIE

5- BRESIL

COMPARAISON
12- FRANCE

La Chine sera le leader de demain dans une Asie plus forte que jamais.

Shanghai de nuit.

TOP 5 DES ARMEES LES PLUS PUISSANTES

1- ETATS-UNIS

2- RUSSIE

3- CHINE

4- INDE

5- FRANCE

Le budget militaire américain de 2019 atteint le record historique de 716 milliards de dollars.

TOP 5 DES BUDGETS MILITAIRES EUROPEENS

1- FRANCE   63.7 MILLIARDS $

2- RUSSIE   61.3 MILLIARDS $

3- ROYAUME-UNI   49.9 MILLIARDS $

4- ALLEMAGNE   49.4 MILLIARDS $

5- ITALIE   27.8 MILLIARDS $

Les prochains satellites militaires français seront armés.

TOP 5 DES PAYS PAR SUPERFICIE

1- RUSSIE   17 MILLIONS DE KM²

2-CANADA   10 MILLIONS DE KM²

3- ETATS-UNIS   9.6 MILLIONS DE KM²

4- CHINE   9.6 MILLIONS DE KM²

5- BRESIL   8.5 MILLIONS DE KM²

La densité de la population canadienne est l'une des plus faible du monde avec 3.7 habitants au km², en comparaison celle de la France est de 117.5 ou bien celle du Japon est de 334.

La colline du Parlement, Ottawa, Canada.

TOP 5 DES VILLES AMERICAINES LES PLUS PEUPLEES

1- NEW YORK   8 980 000 D'HABITANTS

2- LOS ANGELES   3 990 000 D'HABITANTS

3- CHICAGO   2 710 000 D'HABITANTS

4- HOUSTON   2 320 000 D'HABITANTS

5- PHOENIX   1 660 000 D'HABITANTS

Il existe un important écart entre New York et les autres villes US. Cependant, la Big Apple tant à voir sa population diminuer par le fait d'une baisse de l'immigration et de l'augmentation des départs de résidents.

La rivière de Chicago, Etats-Unis.

1- CHINE   + 1.4 MILLIARDS D'HABITANTS

2- INDE   + 1.3 MILLIARDS D'HABITANTS

3- ETATS-UNIS   + 324 MILLIONS D'HABITANTS

4- INDONESIE   + 264 MILLIONS D'HABITANTS

5- BRESIL   + 209 MILLIONS D'HABITANTS

Le Vieux Continent était composé de 25 % de la population mondiale en 1900. Aujourd'hui, avec une démographie alarmante, il ne représente plus que 10 %. Des politiques natalistes sont mises en place afin de lutter contre ce déclin.

Plage de Copacabana, Rio de Janeiro, Brésil.

1- INDE	1 660 000 000 D'HABITANTS
2- CHINE	1 004 000 000 D'HABITANTS
3- NIGERIA	752 000 000 D'HABITANTS
4- ETATS-UNIS	450 000 000 D'HABITANTS
5- CONGO	389 000 000 D'HABITANTS

La population africaine subsaharienne va augmenter de façon exponentielle ces prochaines années, elle devrait doubler d'ici 2050. Enfin, en 2100 l'humanité sera africaine à 40 % et comptera 11 milliards d'individus.

Eléphants d'Afrique dans la savane.

1- BLANCS   61.27 %

2- HISPANIQUES   17.79 %

3- NOIRS   13.31 %

3- ASIATIQUES   5.67 %

5- METIS   2.62 %

Les amérindiens ont obtenu la citoyenneté américaine en 1924. Ils vivent en moyenne 6 ans de moins que leurs autres compatriotes. Ils représentent 0.7 % aux USA.

Amérindien d'Amérique du Nord.

DEMOGRAPHIE ETHNIQUE DE LA RUSSIE

1- RUSSES	77.7 %
2- TATARS	3.7 %
3- UKRAINIENS	1.4 %
4- BACHKIRS	1.1 %
5- TCHETCHENES	1 %

Le pays des tsars se trouve entre 2 continents l'Europe et l'Asie. Il s'agit du plus grand pays du monde. La capitale russe, Moscou, est la ville la plus peuplée d'Europe.

La cathédrale Saint-Basile-le-Bienheureux, place Rouge (qui signifiait « beau » en russe), Moscou, Russie.

1- FINLANDE

2- DANEMARK

3- NORVEGE

4- ISLANDE

5- PAYS-BAS

COMPARAISON
24- FRANCE

La Finlande est pour la 2éme année consécutive le pays le plus heureux en 2019.
Le Pays des mille lacs obtient son indépendance de la Russie, en décembre 1917, durant la révolution russe.

Vue panoramique de la Laponie, Finlande.

TOP 5 DES VILLES LES PLUS INFLUENTES

1- NEW YORK

2- LONDRES

3- PARIS

4- TOKYO

5- HONG KONG

Londres obtient son rang notamment par son quartier d'affaire, la City ainsi que par son rayonnement culturel. Le plus dur reste à se maintenir.

Vue panoramique de Paris.

TOP 5 DES VILLES EUROPEENNES LES PLUS DANGEREUSES*

1- MARSEILLE (FRANCE)

2- NAPLES (ITALIE)

3- CATANE (ITALIE)

4- TURIN (ITALIE)

5- KRISTIANSAND (NORVEGE)

*(en fonction du ressenti et non de chiffre officiel)

L'Italie est la mauvaise élève en terme de sécurité.
A Marseille, la délinquance persiste mais tend à diminuer.
Kristiansand connait des problèmes de trafic de drogue et une
violence liée à des mouvements néo-nazis. On retrouve plusieurs
villes britanniques à la suite de ce classement.

TOP 5 DES PAYS AU MONDE LES PLUS DANGEREUX

1- AFGHANISTAN

2- SYRIE

3- SUD SOUDAN

4- YEMEN

5- IRAK

Le conflit syrien a engendré une totale insécurité dans le pays.
Après plus de 8 ans de guerre le bilan humain est très lourd :
370 000 morts dont 112 623 civils et 2.9 millions d'invalides.
Enfin, plus de 50 % de la population de 2011, c'est-à-dire des
23 millions d'habitants, sont aujourd'hui déplacés.

TOP 5 DES PAYS LES PLUS DANGEREUX POUR LES FEMMES

1- INDE

2- AFGHANISTAN

3- SYRIE

4- SOMALIE

5- ARABIE SAOUDITE

La majorité des femmes assassinées sont victimes de leur compagnon ou d'un membre de leur famille.
En France, environ 220 000 femmes subissent des violences physiques chaque année. De plus, une femme meurt tous les 2 jours sous les coups de son conjoint.

TOP 5 DES VILLES LES PLUS SURES AU MONDE

1- TOKYO – JAPON	92.0
2- SINGAPOUR – SINGAPOUR	91.5
3- OSAKA – JAPON	90.9
4- AMSTERDAM – PAYS-BAS	88.0
5- SYDNEY – AUSTRALIE	87.9

A Singapour la délinquance est proche de 0. Les rues, les habitations, les hôtels, les taxis, les métros sont équipés de vidéos surveillances. Elles sont omniprésentes. Le simple fait de jeter un chewing-gum ou un mégot de cigarette au sol est sanctionné de lourdes amendes.

TOP 5 DES LANGUES LES PLUS PARLEES DANS LE MONDE
(PAR LES NATIFS)

1- LE CHINOIS MANDARIN	1.3 MILLIARDS DE PERSONNES
2- L'ESPAGNOL	460 MILLIONS DE PERSONNES
3- L'ANGLAIS	379 MILLIONS DE PERSONNES
4- LE HINDI	341 MILLIONS DE PERSONNES
5- L'ARABE	319 MILLIONS DE PERSONNES

Environ 6 000 langues sont parlées dans le monde.
Vers 2050, le français pourrait dépasser l'anglais et être la langue la plus parlée.

VIIII Voyage

TOP 5 DES PAYS LES PLUS VISITES

1- FRANCE — 96 MILLIONS

2- ESPAGNE — 85 MILLIONS

3- ETATS-UNIS — 78 MILLIONS

4- CHINE — 63 MILLIONS

5- ITALIE — 60 MILLIONS

Depuis son inauguration en 1889, la Tour Eiffel a accueilli plus de 300 millions de visiteurs. Elle fut construite pour l'Exposition Universelle en 26 mois pour une durée de 20 ans, la Dame de Fer était jadis de couleur rouge. Le monument parisien est constitué de plus de 7 000 tonnes de fer pour un poids total de 10 100 tonnes et une hauteur de 324 mètres. Aujourd'hui, les 6 millions de visiteurs annuels sont à 20 % français (dont 2 % parisiens) et 80% étrangers.

La Tour Eiffel, Paris, France.

1- HONG KONG	29.8 MILLIONS
2- BANGKOK	23.6 MILLIONS
3- LONDRES	20.7 MILLIONS
4- SINGAPOUR	+ 18.6 MILLIONS
5- MACAO	+ 18.6 MILLIONS

COMPARAISON
6- PARIS   16.8 MILLIONS

Le chiffre d'affaires des casinos de Macao est 6 fois plus important que celui de Las Vegas.

Singapour de nuit.

TOP 5 DES MONUMENTS LES PLUS VISITES DE FRANCE

1- CATHEDRALE NOTRE-DAME DE PARIS	12 MILLIONS
2- BASILIQUE DU SACRE-CŒUR DE MONTMARTRE	10 MILLIONS
3- LE LOUVRE DE PARIS	8 MILLIONS
4- LE CHATEAU DE VERSAILLES	7.7 MILLIONS
5- LA TOUR EIFFEL	6.2 MILLIONS

Le musée du Louvre de Paris (ouvert en 1793) contient des œuvres uniques telles que la Joconde, la Vénus de Milo, la Victoire de Samothrace et bien d'autres...

Enfin, il existe aussi le Louvre Abou Dabi (ouvert en 2018) et le Louvre-Lens (ouvert en 2012).

Le château de Versailles est 4ème au classement alors qu'il est le seul à être situé en dehors de la capitale...

La pyramide du Louvre de Paris.

TOP 5 DES DESTINATIONS VACANCES DES FRANÇAIS*

1- ESPAGNE	4.43 MILLIONS
2- ITALIE	3.2 MILLIONS
3- BELGIQUE/ LUXEMBOURG	1.67 MILLIONS
4- ROYAUME-UNI	1.66 MILLIONS
5- PORTUGAL	1.56 MILLIONS

* HORMIS LA FRANCE

La 1ére destination touristique des français reste l'hexagone. Le nombre de touristes dans le monde a fortement progressé. 2018 a connu 1.4 milliard de voyageurs.

La Sagrada Familia, Barcelone, Espagne.

TOP 5 DE LA PROVENANCE DES TOURISTES EN FRANCE

1- BRITANNIQUE	14.6 %
2- ALLEMAND	13.7 %
3- BELGE/LUXEMBOURGEOIS	13 %
4- ITALIEN	7.8 %
5- SUISSE	7.6 %

La France est le 2éme marché d'Airbnb derrière les Etats-Unis.

Le Tower Bridge, Londres, Royaume-Uni.

TOP 5 DES PASSEPORTS LES PLUS PUISSANTS

1- JAPONAIS/ SINGAPOURIEN 189 PAYS SANS VISA

2- SUD COREEN/ ALLEMAND/ FINLANDAIS 187 PAYS SANS VISA

3- DANOIS/ ITALIEN/ LUXEMBOURGEOIS 186 PAYS SANS VISA

4- FRANÇAIS/ SUEDOIS/ ESPAGNOL 185 PAYS SANS VISA

5- AUTRICHIEN/ HOLLANDAIS/ PORTUGUAIS/ SUISSE 184 PAYS SANS VISA

L'Afghanistan referme la marche de ce classement à la 109ème place pour 25 pays sans visa.

TOP 5 DES PLUS HAUTS GRATTE-CIELS

1- BURJ KHALIFA - DUBAÏ, EMIRATS ARABES UNIS
828 METRES – 163 ETAGES (voir page 68)

2- TOUR SHANGHAI - SHANGHAI, CHINE
632 METRES – 128 ETAGES

3- MAKKAH CLOCK ROYAL TOWER - LA MECQUE, ARABIE SAOUDITE
601 METRES – 120 ETAGES

4- PING AN INTERNATIONAL FINANCE CENTRE - SHENZHEN, CHINE
600 METRES – 115 ETAGES

5- GOLDIN FINANCE 117 - TIANJIN, CHINE
596.5 METRES – 128 ETAGES

Avec ses 541 mètres et ses 94 étages, le One World Trade Center se retrouve à la 7ème place.

La Burj khalifa, Dubaï, Émirats arabes unis.
Jamais une structure humaine n'a été aussi haute.

IX Droit

TOP 5 DES PAYS AVEC LE PLUS DE DIVORCES

1- PORTUGAL	69 %
2- DANEMARK	56 %
3- ESPAGNE	56 %
4- FINLANDE	55.4 %
5- FRANCE	55 %

Le mariage n'a plus la même signification qu'autrefois. Il a atteint son plus bas historique en 2016.
L'âge moyen des femmes était de 36 ans et 38 ans pour les hommes en 2017. Alors qu'en 1997, l'âge moyen était de 30 ans pour les femmes et 33 ans pour les hommes.

Le pont du 25 Avril, Lisbonne, Portugal.

1- MALTE	88 %
2- ALBANIE	74 %
3- CHYPRE	66 %
4- BRESIL	65 %
5- MACEDOINE DU NORD	53 %
COMPARAISON FRANCE	6 %

En France une majorité écrasante est en faveur de l'avortement. La loi sur la dépénalisation de l'avortement a été aménagée par Simone Veil sous la présidence de Valéry Giscard d'Estaing.

Eglise chypriote.

TOP 5 DES PIRES PAYS A L'EGARD DES DROITS DES FEMMES

1- NIGER   0.82 INDICE

2- TCHAD   0.77 INDICE

3- CENTRAFRIQUE   0.74 INDICE

4- MALI   0.72 INDICE

5- SOMALIE   0.69 INDICE

C'est en 2018 que l'Arabie saoudite octroie aux femmes le droit de conduire. Le royaume était alors le dernier pays à le prohiber. Cependant, les femmes restent sous la tutelle d'un père ou d'un mari ce qui empêche par exemple de voyager librement.

TOP 5 DES MEILLEURS PAYS POUR LES DROITS DES FEMMES

1- SUEDE   0.07 INDICE

2- FINLANDE   0.08 INDICE

3- NORVEGE   0.08 INDICE

4- PAYS-BAS   0.09 INDICE

5- BELGIQUE   0.09 INDICE

COMPARAISON
18- FRANCE   0.13 INDICE

Le 1er pays a accordé le droit de vote aux femmes est la Nouvelle-Zélande en 1893. Suivent dans l'ordre la Finlande en 1906, la Norvège en 1913 et le Danemark en 1915. La France accorde ce droit en 1944 soit plus de 20 ans après l'Allemagne, les Etats-Unis, le Royaume-Uni, le Canada...

X Education

TOP 5 DANS LE DOMAINE DES MATHEMATIQUES

1- SINGAPOUR

2- HONG KONG

3- MACAO

4- TAIWAN

5- JAPON

COMPARAISON
26- FRANCE

La méthode d'apprentissage des mathématiques de Singapour consiste notamment à la manipulation d'objet, elle enseigne la division dès le CP. Une méthode exemplaire suivie par de nombreux pays. Elle est déjà mise en place dans certains établissements français.

TOP 5 DANS LE DOMAINE DES SCIENCES

1- SINGAPOUR

2- JAPON

3- ESTONIE

4- TAIWAN

5- FINLANDE

COMPARAISON
26- FRANCE

La France stagne, pas d'amélioration depuis 2012, elle détenait déjà la 26ème place.

TOP 5 DANS LE DOMAINE DE LA LECTURE

1- SINGAPOUR

2- HONG KONG

3- CANADA

4- FINLANDE

5- IRLANDE

COMPARAISON
21- FRANCE

Les méthodes éducatives singapouriennes ont été mise en place il y a plusieurs années et depuis le pays n'a cessé de progresser, atteignant les meilleures places au niveau mondial.

TOP 5 DES PAYS QUI ONT LA MEILLEURE MAITRISE DE LA LANGUE ANGLAISE

1- SUEDE

2- PAYS-BAS

3- SINGAPOUR

4- NORVEGE

5- DANEMARK

COMPARAISON
35- FRANCE

En France, 75 % des collégiens de fin de 3ème ne sont pas capables de s'exprimer convenablement en anglais.

TOP 5 DES METIERS QUE LES PARENTS SOUHAITERAIENT POUR LEURS ENFANTS*

1- MEDECIN   16 %

2- INGENIEUR   12 %

3- INFORMATICIEN   8 %

4- METIER DE LA FINANCE   6 %

5- ENSEIGNANT   6 %

*ENQUETE MENEE SUR 15 PAYS DONT LA FRANCE

Ces dernières années la France compte un nombre record de médecins en activité.

TOP 5 DES MEILLEURES UNIVERSITES DU MONDE

1- UNIVERSITE D'HARVARD – ETATS-UNIS

2- UNIVERSITE DE STANFORD – ETATS-UNIS

3- UNIVERSITE DE CAMBRIDGE – ROYAUME-UNI

4- MIT (MASSACHUSETTS INSTITUTES OF TECHNOLOGY) – ETATS-UNIS

5- UCB (UNIVERSITY OF CALIFORNIA, BERKELEY) – ETATS-UNIS

COMPARAISON
37- UNIVERSITE PARIS-SUD (PARIS 11) - FRANCE

Le MIT décompte déjà 87 prix Nobel dont 32 en physique.

TOP 5 DES PAYS QUI ONT LE PLUS DE DIPLOMES DU SUPERIEUR

1- CANADA   56.3 %

2- JAPON   50.5 %

3- ISRAEL   49.9 %

4- COREE DU SUD   46.9 %

5- ROYAUME-UNI   45.9 %

La France est au-dessus de la moyenne européenne.

Les chutes du Niagara à la frontière Canado-américaine.

TOP 5 DES PRIX NOBEL PAR PAYS

1- ETATS-UNIS   377 PRIX

2- ROYAUME-UNI   130 PRIX

3- ALLEMAGNE   108 PRIX

4- FRANCE   70 PRIX

5- SUEDE   32 PRIX

Le prix Nobel fut créé par le suédois Alfred Nobel. Le 1er prix fut attribué en 1901.

Coucher du soleil sur Stockholm, Suède.

TOP 5 DES PAYS AVEC LE PLUS DE CHERCHEURS*

1- ISRAEL 8 250 CHERCHEURS

2- COREE DU SUD 7 113 CHERCHEURS

3- JAPON 5 210 CHERCHEURS

4- ALLEMAGNE 4 893 CHERCHEURS

5- CANADA 4 552 CHERCHEURS

*PAR MILLION D'HABITANTS

La 1ᵉʳᵉ place est détenue par Israël alors qu'il s'agit d'un pays avec seulement 9 millions d'habitants.

Le lac de Seokchon, Séoul, Corée du Sud.

XI Internet

TOP 5 DES SITES INTERNET LES PLUS VISITES AU MONDE

1- GOOGLE (USA)

2- YOUTUBE (USA)

3- FACEBOOK (USA)

4- BAIDU* (CHINE)

5- WIKIPEDIA (USA)

* LE « GOOGLE CHINOIS »

COMPARAISON
11- XVIDEOS (FRANCE)
12- XNXX (FRANCE)

Les 2 premiers français sont des sites pornographiques.

TOP 5 DES PAGES FACEBOOK LES PLUS LIKEES

1- FACEBOOK   +214 MILLIONS

2- SAMSUNG   +159 MILLIONS

3- CRISTIANO RONALDO   +122 MILLIONS

4- REAL MADRID   +110 MILLIONS

5- COCA-COLA   +107 MILLIONS

Facebook est la page la plus likée de Facebook...
Le réseau social pourrait à l'avenir cacher le nombre de
« j'aime ».

TOP 5 DES RESEAUX SOCIAUX LES PLUS POPULAIRES EN 2008

1- YOUTUBE   +299 MILLIONS D'UTILISATEURS

2- FACEBOOK   PRES DE 90 MILLIONS D'UTILISATEURS

3- MYSPACE   +72 MILLIONS D'UTILISATEURS

4- HI5 PRES   56 MILLIONS D'UTILISATEURS

5- FRIENDSTER   PRES DE 52 MILLIONS D'UTILISATEURS

Acheté en 2005 pour 580 millions de dollars par News Corp, MySpace est revendu quelques années plus tard pour une dizaine de millions de dollars. MySpace a connu la gloire jusqu'à atteindre des sommets mais aussi le déclin principalement par l'arrivée de Facebook.

TOP 5 DES RESEAUX SOCIAUX LES PLUS POPULAIRES EN 2018

1- FACEBOOK   + 2.2 MILLIARDS D'UTILISATEURS

2- YOUTUBE   1.9 MILLIARDS D'UTILISATEURS

3- INSTAGRAM   1 MILLIARD D'UTILISATEURS

4- WECHAT   1 MILLIARD D'UTILISATEURS

5- TUMBLR   624 MILLIONS D'UTILISATEURS

En 2019, Facebook détient le record de près de 2.5 milliards d'utilisateurs chaque mois et réussi à faire connecter 1 milliard de personnes en l'espace d'une seule journée, soit 1 personne sur 7 au niveau mondial.

XII Religion

TOP 5 DES PAYS OU SE TROUVENT LE PLUS DE CHRETIENS

1- ETATS-UNIS	ENVIRON 217 MILLIONS
2- BRESIL	ENVIRON 179 MILLIONS
3- MEXIQUE	ENVIRON 111 MILLIONS
4- RUSSIE	+ 100 MILLIONS
5- NIGERIA	ENVIRON 92 MILLIONS

Le christianisme représente 1/3 de la population mondiale. Le christ Rédempteur de Rio de Janeiro est situé dans la plus grande forêt urbaine du monde. L'édifice aux 38 mètres de hauteur, est l'œuvre du français Paul Landowski. Ce monument est le plus visité du Brésil avec 600 000 touristes chaque année.

Le Christ Rédempteur, Rio de Janeiro, Brésil.

TOP 5 DES PAYS OU SE TROUVENT LE PLUS DE MUSULMANS

1- INDONESIE	+ 200 MILLIONS
2- PAKISTAN	ENVIRON 178 MILLIONS
3- INDE	ENVIRON 177 MILLIONS
4- BANGLADESH	ENVIRON 150 MILLIONS
5- NIGERIA	ENVIRON 75 MILLIONS

Les musulmans ne sont pas majoritairement arabes. Le continent asiatique est celui qui en abrite le plus grand nombre.

Le Taj Mahal, joyau de l'art musulman indien, Agra, Inde.

TOP 5 DES PAYS OU SE TROUVENT LE PLUS DE JUIFS

1- ISRAEL	6 446 000
2- ETATS-UNIS	5 700 000
3- FRANCE	456 000
4- CANADA	390 000
5- ROYAUME-UNI	290 000

*Actuellement, il y a dans le monde 14 millions et demi de Juifs.
Avant la Shoah, ils étaient 16 millions et demi.*

Mur des Lamentations, Jérusalem, Israël.

TOP 5 DES RELIGIONS LES PLUS IMPORTANTES EN 2050

1- CHRISTIANISME   31.4 %

2- ISLAM   29.7 %

3- HINDOUISME   14.9 %

4- NON AFFILIE   13.2 %

5- BOUDDHISME   5.2 %

En 2050, le judaïsme représentera 0.2 % de la population mondiale.
L'islam deviendra la 1ere religion vers 2070 quand la France connaitra une forte progression des non affiliés.

TOP 5 DES PAYS DANS LESQUELS LES CHRETIENS SONT LES PLUS PERSECUTES

1- COREE DU NORD

2- AFGHANISTAN

3- SOMALIE

4- SOUDAN

5- PAKISTAN

Le christianisme est la 1ere religion du monde mais aussi la plus opprimée. A travers le monde, 245 millions de chrétiens sont persécutés.

XIII Santé

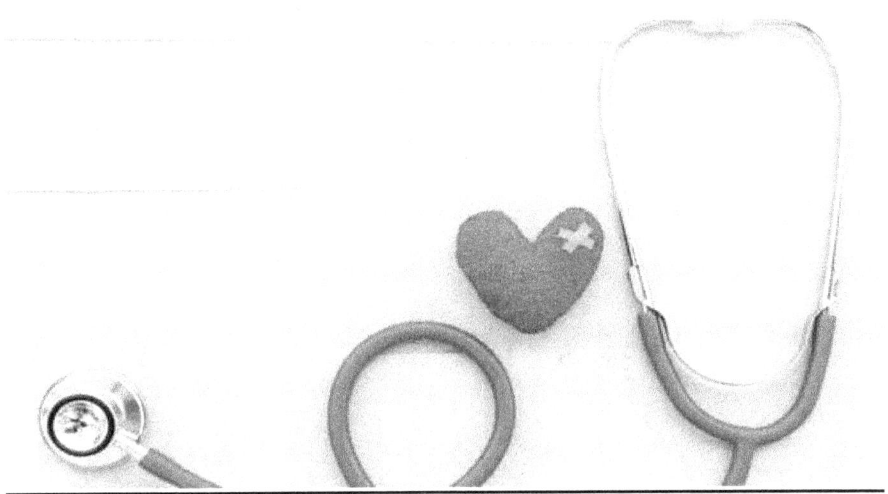

TOP 5 DES PAYS EN MEILLEURE SANTE

1- ESPAGNE

2- ITALIE

3- ISLANDE

4- JAPON

5- SUISSE

Sur les 10 premiers 6 sont des pays européens. Le Japon est quant à lui 4ᵉᵐᵉ mais reste le pays où l'espérance de vie est la plus élevée avec 83.7 ans. Enfin, le pays de l'Oncle Sam se retrouve à la 35ᵉᵐᵉ place.

Venise, Italie.

TOP 5 DE L'ESPERANCE DE VIE AU MOYEN-ORIENT

1- ISRAEL   82.6 ANS

2- LIBAN   79.7 ANS

3- QATAR   78.3 ANS

4- EMIRATS ARABES UNIS   77.4 ANS

5- OMAN   77.2 ANS

Israël a une espérance de vie parmi les plus élevées dans le monde.

L'hôtel Atlantis, Dubaï, Emirats arabes unis.

TOP 5 DE L'ESPERANCE DE VIE EN AFRIQUE

1- ALGERIE   75.6 ANS

2- TUNISIE   75.3 ANS

3- MAROC   74.3 ANS

4- CAP VERT   73.3 ANS

5- SEYCHELLES   73.2 ANS

Le Maghreb se distingue dans une Afrique avec une espérance de vie qui avoisine les 60 ans de moyenne.
Entre 2000 et 2015, le continent a progressé de près de 10 ans d'espérance.

TOP 5 DES ESTIMATIONS DE L'ESPERANCE DE VIE DANS LE MONDE EN 2040

1- ESPAGNE

2- JAPON

3- SINGAPOUR

4- SUISSE

5- PORTUGAL

COMPARAISON
8- FRANCE

L'Espagne numéro 1 avec 85.8 ans et la France 8ème avec 84.3 ans.

TOP 5 DES PAYS QUI COMPTE LE PLUS D'AUTISTES*

1- ETATS-UNIS   168

2- JAPON   161

3- CANADA   152

4- ROYAUME-UNI   100

5- IRLANDE   100

*SUR 10 000 ENFANTS

80 % des enfants autistes en France ne sont pas scolarisés.

TOP 5 DES PLUS GROS FUMEURS*

1- CHINE   4 124 CIGARETTES/AN

2- BIELORUSSIE   3 831 CIGARETTES/AN

3- LIBAN   3 023 CIGARETTES/AN

4- MACEDOINE   2 732 CIGARETTES/AN

5- RUSSIE   2 690 CIGARETTES/AN

*PAR HABITANT

*En Chine, la cigarette est la cause de 2 morts par minute.
Netflix va arrêter la cigarette dans certaines de ses séries
afin d'éviter une influence néfaste.*

TOP 5 DES PLUS GROS CONSOMMATEURS D'ALCOOL

1- LITUANIE	18.2 LITRES/AN
2- ROUMANIE	13.7 LITRES/AN
3- REPUBLIQUE TCHEQUE	13.7 LITRES/AN
4- CROATIE	13.6 LITRES/AN
5- BULGARIE	13.6 LITRES/AN
COMPARAISON FRANCE	11.7 LITRES/AN

En Russie, depuis les politiques de santé la consommation d'alcool a fortement baissé. Aujourd'hui, la consommation des russes est moins élevée que celle des français avec près de 40 % du pays qui ne consommeraient plus d'alcool. Cependant, les ravages de l'alcoolisme limitent encore les hommes russes à une espérance de vie ne dépassant pas les 63 ans et c'est aussi la cause de la mort d'une personne sur 5. Enfin, la Russie consomme avant tout de la bière et non de la Vodka.

Musée de l'Ermitage, près de 2 700 000 objets d'art, Saint-Pétersbourg, Russie.

XIV Ecologie

TOP 5 DES VILLES LES PLUS POLLUEES DU MONDE

1- DELHI

2- DAKAR

3- BOMBAY

4- BEIJING

5- JOHANNESBOURG

New Delhi a perdu 10 ans d'espérance de vie dû à la pollution de l'air.

TOP 5 DES PAYS LES PLUS POLLUEURS

1- CHINE   10 151 MTCO$_2$*

2- ETATS-UNIS   5 312 MTCO$_2$

3- INDE   2 431 MTCO$_2$

4- RUSSIE   1 635 MTCO$_2$

5- JAPON   1 209 MTCO$_2$

*MTCOD$_2$ = Million de Tonnes de CO$_2$

COMPARAISON
FRANCE   340 MTCO$_2$

1 journée dans la capitale chinoise équivaudrait à fumer pas moins de 40 cigarettes.

TOP 5 DES PAYS LES PLUS POLLUEURS PAR HABITANT

1- QATAR   49.18 TONNES CO_2/AN

2- KOWEIT   25.24 TONNES CO_2/AN

3- EMIRATS ARABES UNIS   24.66 TONNES CO_2/AN

4- BRUNEI   23.86 TONNES CO_2/AN

5- BAHREIN   23.08 TONNES CO_2/AN

Les pays du Golfe ont une densité faible mais sont les plus gros émetteurs de CO_2 par habitant.

TOP 5 DES PAYS LES PLUS ECOLOGIQUES DU MONDE

1- NORVEGE

2- SUISSE

3- PORTUGAL

4- SLOVENIE

5- CHYPRE

La Slovénie perd sa place de leader au profit de la Norvège. Le pays des fjords recycle 97 % de ses bouteilles en plastique. En 2030, le gouvernement norvégien a pour objectif d'afficher un bilan 0 carbone.

XV Mortalité

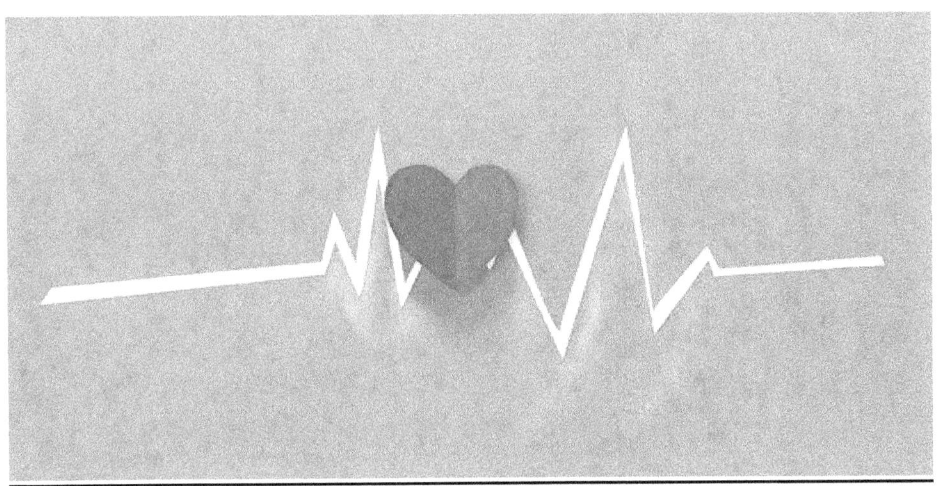

TOP 5 DES PAYS AVEC LA PLUS FAIBLE MORTALITE INFANTILE

1- MONACO

2- JAPON

3- ISLANDE

4- SINGAPOUR

5- FINLANDE

Monaco a la plus faible mortalité infantile avec 1.8 décès pour 1 000 naissances.

Volcan islandais.

TOP 5 DES PAYS DE L'OCDE* AVEC LE PLUS DE SUICIDES**

1- COREE DU SUD	24.6 SUICIDES
2- LITUANIE	24.4 SUICIDES
3- LETTONIE	18.1 SUICIDES
4- SLOVENIE	18.1 SUICIDES
5- RUSSIE	17.9 SUICIDES

*ORGANISATION DE COOPERATION ET DE DEVELOPPEMENT
** SUR 100 000 PERSONNES

COMPARAISON
11- FRANCE	13.1 SUICIDES

La principale cause de mortalité chez les jeunes Coréens de 15 à 24 ans est le suicide.

TOP 5 DES VICTIMES DU TERRORISME DANS L'UNION EUROPEENNE ENTRE 2000 ET 2018

1- ESPAGNE	268 MORTS
2- FRANCE	263 MORTS
3- ROYAUME-UNI	121 MORTS
4- BELGIQUE	40 MORTS
5- ALLEMAGNE	29 MORTS

L'Espagne a connu le terrorisme islamiste ainsi qu'indépendantiste.
L'organisation, Euskadi Ta Askatasuna, dit l'ETA a fait 859 morts. Le mouvement est dissout en 2018 après plus de 58 ans.

TOP 5 DU NOMBRE DE MORT PAR MILLIARD DE PASSAGERS*

1- AVION	0 MORT
2- TRAIN	0.13 MORT
3- BUS	0.2 MORT
4- VOITURE	3.14 MORTS
5- DEUX-ROUES	48.94 MORTS

*SUR 1 KILOMETRE

Il y a 1 mort en avion qu'après 16 kilomètres effectués par 1 milliard de voyageurs. C'est la raison pour laquelle l'avion demeure le moyen de transport le plus sûr.

TOP 5 DES PAYS AVEC LE PLUS GRAND NOMBRE DE MORTS SUR LES ROUTES*

1- LIBYE	73.2 MORTS/AN
2- THAILANDE	36.2 MORTS/AN
3- MALAWI	35 MORTS/AN
4- LIBERIA	33.7 MORTS/AN
5- RD CONGO	33.2 MORTS/AN

*SUR 100 000 PERSONNES

La Thaïlande, pendant les fêtes de fin d'année 2018, a connu en moins d'une semaine 3 700 accidents dont 460 mortels.

TOP 5 DES PAYS AVEC LE MOINS DE MORTS SUR LES ROUTES*

1- MONACO   0 MORT/AN

2- ETATS FEDERES DE MICRONESIE   1.9 MORTS/AN

3- SUEDE   2.8 MORTS/AN

4- KIRIBATI   2.9 MORTS/AN

5- SAINT-MARIN   3.2 MORTS/AN

*SUR 100 000 PERSONNES

Les routes de l'hexagone sont passées de 8 170 morts en 2000 à 2 199 en 2019.

XVI Sport

TOP 5 DES CLUBS DE FOOTBALL LES PLUS RICHES

1- REAL MADRID	774 MILLIONS €
2- FC BARCELONE	690.4 MILLIONS €
3- MANCHESTER UNITED	666 MILLIONS €
4- BAYERN MUNICH	629.2 MILLIONS €
5- MANCHESTER CITY	629.2 MILLIONS €

COMPARAISON
6- PARIS-SAINT-GERMAIN   439.2 MILLIONS €

Il y a encore 10 ans, le football français n'avait pas le club du PSG pour concurrencer le football européen.

TOP 5 DES MEILLEURS SALAIRES DES ENTRAINEURS DE FOOTBALL

1- DIEGO SIMEONE (ATLETICO MADRID)	23 MILLIONS €
2- PEP GUARDIOLA (MANCHESTER CITY)	18 MILLIONS €
3- ERNESTO VALVERDE (FC BARCELONE)	12.5 MILLIONS €
4- ZINEDINE ZIDANE (REAL MADRID)	12 MILLIONS €
5- ANTONIO CONTE (INTER MILAN)	11 MILLIONS €

L'actuel entraineur de l'équipe de France, Didier Deschamps, détient le record de longévité pour ce poste.

TOP DES CHAMPIONS DU MONDE DE FOOTBALL (21 COUPES)

1- BRESIL	5 COUPES
2- ALLEMAGNE/ITALIE	4 COUPES
3- ARGENTINE/FRANCE/URUGUAY	2 COUPES
4- ANGLETERRE/ESPAGNE	1 COUPE

La coupe du monde 2018 a été regardée par plus de la moitié de la planète soit plus de 3.5 milliards de téléspectateurs.

Drapeau brésilien.

XVII Autre

1- LE MOUSTIQUE	PRES DE 720 000 MORTS/AN
2- LE SERPENT	100 000 MORTS/AN
3- LE CHIEN	25 000 MORTS/AN
4- LA MOUCHE TSE-TSE	10 000 MORTS/AN
5- LA REDUVE (PETIT INSECTE)	- 10 000 MORTS/AN

L'escargot qui n'est pas dans le classement tue cependant plus que le requin, par transmission de la « fièvre d'escargot ».

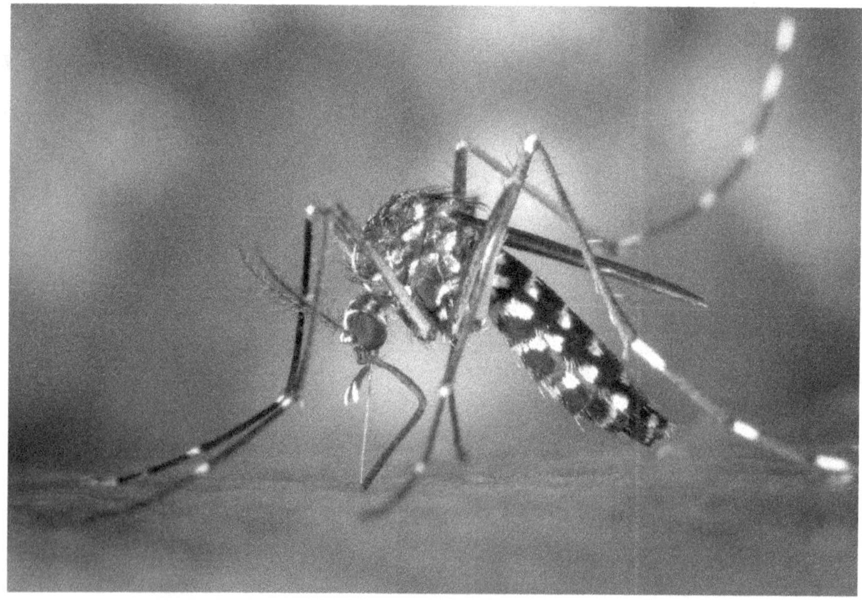

Le moustique.

TOP 5 DES ANIMAUX LES PLUS RAPIDES

1- FAUCON PELERIN	320 KM/H
2- FREGATE (OISEAU)	152 KM/H
3- GUEPARD	115 KM/H
4- VOILIER (POISSON)	110 KM/H
5- ANTILOPE D'AMERIQUE	95 KM/H

Le faucon pèlerin va aussi vite qu'un TGV. Il possède une excellente vue, son acuité visuelle est 10 fois supérieure à celle de l'homme. Ce rapace chasse à 900 mètres d'altitude. Son régime alimentaire est principalement constitué d'oiseaux.
Le guépard est quant à lui, le plus rapide des animaux terrestres.

Le faucon pèlerin.

TOP 5 DES PRENOMS MASCULINS EN FRANCE*

1- GABRIEL

2- LOUIS

3- RAPHAEL

4- JULES

5- ADAM

*EN 2019

Le prénom Louis est d'origine franque qui signifie illustre au combat dérivé de Clovis. En outre, il est aussi un prénom prégnant de la royauté française.

TOP 5 DES PRENOMS FEMININS EN FRANCE*

1- EMMA

2- LOUISE

3- JADE

4- ALICE

5- CHLOE

*EN 2019

Emma est un prénom d'origine allemande et hébraïque.

TOP 5 DES RECHERCHES EN FRANÇAIS SUR LE SITE XHAMSTER

1- BEURETTE

2- FRANCAISE

3- VOYEUR

4- SALOPE

5- JACQUIE ET MICHEL

La France est le 6ème pays en terme de consommation de site pornographique.

CHIFFRE

POLITIQUE

Coût d'un député

DOTATION	24 000 €/MOIS
SALAIRE	7 209 €/MOIS
FRAIS POSTAUX	12 000 €/AN
COLLABORATEURS	9 618 €/MOIS
TAXI	2 800 €/AN
INFORMATIQUE	15 000 €
VOYAGES EN AVION	12 VOLS/AN
TRAIN	GRATUIT

Lors des dernières élections européennes 2019, les prisonniers ont pu voter pour la 1ere fois et voici leurs résultats :

1- RN (RASSEMBLEMENT NATIONAL)	23.50 %
2- LFI (LA FRANCE INSOUMISE)	+ 19 %
3- LREM (LA REPUBLIQUE EN MARCHE)	9 %
4- EELV (EUROPE ECOLOGIE LES VERTS)	8.93 %

RESULTAT NATIONAL :

1- RN (RASSEMBLEMENT NATIONAL)	23.33 %
2- LREM (LA REPUBLIQUE EN MARCHE)	22.42 %
3- EELV (EUROPE ECOLOGIE LES VERTS)	13.48 %
4- LR (LES REPUBLICAINS)	8.48 %
5- LFI (LA FRANCE INSOUMISE)	6.31 %

Chaque jour, le Président de la République Emmanuel Macron, reçoit entre 1 500 et 2 000 lettres de personnes qui attendent une réponse.

Lors de l'élection présidentielle américaine de 2016, sur 200 médias américains 194 avaient soutenu Hilary Clinton et 6 Donald Trump. Soit 97 % des medias pour la démocrate et 3 % pour le républicain.

Le président qui obtient la popularité la plus importante jamais enregistrée est l'ancien président américain George W. Bush. Sa cote de popularité était de 51 %, passant à 90 % après les attentats du 11 septembre 2001.

HISTOIRE

Débarquement de Normandie

130 000 soldats mobilisés.
7 616 tonnes de bombes largués par l'aviation en 1 nuit.
1 000 soldats américains touchés dans les 5 premières minutes.
30 kg d'équipement par soldat.

Seconde Guerre mondiale (bilan)

Environ 60 millions de morts (majorité de civil).
Les pays les plus touchés sont :
L'URSS avec 21 millions de morts.
La Chine avec près de 12 millions de morts.

L'URSS a perdu 14 % de sa population et la Pologne + de 17 %.
66 % (soit 2/3) des Juifs d'Europe sont morts et 40 % du monde.
Pour le seul camp d'Auschwitz : 1 million d'extermination.

En Slovaquie 83 % des Juifs sont tués.
En République tchèque 89 % de Juifs tués.
En Pologne, Allemagne, Autriche et dans les pays baltes 90 % (soit 9
Juifs sur 10) de tués.

Lioudmila Pavlitchenko était une femme tireuse d'élite soviétique de 25
ans. Elle est connue pour son palmarès de 309 Allemands tués dont 36
snipers ennemis. Elle était considérée comme étant la femme la plus
dangereuse de la Seconde Guerre mondiale.

Les Goulags étaient les camps de travail forcé en Union soviétique.
20 millions de personnes étaient détenues, soit pratiquement
l'équivalent de la population de la Belgique et du Portugal actuelle.

Le laogai est le goulag chinois, que Mao Zedong a fait construire à
travers toute la Chine. Depuis 1949, le système concentrationnaire
chinois a détenu environ 50 millions de personnes ce qui représente la
population de l'Espagne actuelle.

Durant l'été 1994, le génocide des Tutsi par les Hutu s'est déroulé au
Rwanda. En l'espace de seulement 3 mois et 10 jours, + de 800 000 Tutsi
ont trouvé la mort.
Quelques années après le génocide rwandais, a démarré en 1998 la 2ème
guerre du Congo. Sur fond de pillages, viols, ses 4 millions de déplacés
et ses 6 millions de morts, le conflit du Congo est le plus meurtrier au
monde depuis la Deuxième Guerre mondiale.

Plus de 357 millions d'enfants vivent dans des zones de conflits soit 1
enfant sur 6.

La Grande Muraille de Chine fait 21 000 km de long, soit plus de la distance entre pôle Nord et pôle Sud. Il s'agit du monument le plus long jamais conçu. Il aura fallu plus de 2 000 ans pour finir sa construction.

AFFAIRE

A 21 ans seulement, Kylie Jenner est devenue la plus jeune milliardaire, du jamais vu. Son entreprise vaut 900 millions de dollars.

Jack Ma avant d'être le PDG d'Alibaba a cherché à travailler. Il postule dans la police. Ils sont 5 candidats, tous sont acceptés sauf lui. A l'arrivée de KFC en Chine, il postule avec 24 autres personnes pour le fast food, 23 ont été acceptées. Il est encore le seul refusé. Jack Ma avait aussi candidaté pour Harvard mais là encore, il reçoit en tout 10 refus. Autant d'échec qu'ils l'ont construit. Aujourd'hui, Ma est l'un des hommes les plus riches de Chine. En 2019, Il quitte la tête d'Alibaba.

L'homme le plus riche de l'histoire est le roi de l'empire du Mali, Mansa Moussa (XIVème siècle) avec une fortune estimée à 400 milliards de dollars.

ENTREPRISE/ECONOMIE

En 2018, la société Amazon a dépensé en recherche et développement 28.8 milliards.

La société la plus rentable du monde, n'est ni Apple ou Amazon mais la société saoudienne ARAMCO (pétrole), avec 100 milliards d'euros de bénéfices.

Israël détient le plus fort ratio en terme de start-up avec 1 pour 1500 habitants. Au niveau mondial les start-up qui ont levé des fonds dans la cybersécurité sont à 25 % israélienne. Tel Aviv constitue la 2eme Silicon Valley au monde après la Californie. Enfin, la Terre sainte possède plus de start-up cotées au NASDAQ que dans toute l'Europe.

En 2015, le Venezuela atteint le record mondial de l'inflation soit 180.5 %. En 2018, nouveau record avec 200 000 %. En comparaison, pour la même année 2018, le Japon a eu une inflation de 1.3 % et les USA 2.7 %.

DROIT

En Turquie, près de 15 % de la population a fait l'objet de poursuites judiciaires en 2018.

Charles Scott Robinson obtient la plus lourde peine jamais prononcée aux USA avec 30 000 ans de prison pour plusieurs viols.

SECURITE

La Suède est le pays où les femmes ont le plus de droits, paradoxalement c'est aussi le pays où le taux de viol est le plus élevé que dans n'importe quel autre pays d'Europe. L'été 2019, a vu une fois de plus une vague de viols qui ont fait exploser les ventes d'armes d'autodéfense de certaines marques de 500 %.

La principauté de Monaco a pour sa sécurité 1 policier pour 70 habitants.

EDUCATION

L'homme le plus intelligent du monde est l'australien Terence Tao. Son quotient intellectuel atteint les 230, celui d'Albert Einstein était de 160. Il s'agit d'un record absolu.

La Russie obtient le meilleur taux d'alphabétisation des femmes avec 100 %.

Moins d'un français sur 2 maîtrise correctement les règles d'orthographes.

Ioannis Ikonomou est un grec qui a pour particularité de maîtriser 47 langues, 32 vivantes et 15 mortes. Ce traducteur de profession parle la quasi-totalité des langues de l'Union Européenne, seuls le maltais, l'estonien et l'irlandais sont encore des langues qu'il ne maîtrise pas.

La moyenne record au BAC est de 21.33/20 (BAC S).
Le plus jeune candidat est âgé de 11 ans et 7 mois (BAC S).
Le plus âgé des candidats avait 91 ans (resté inconnu).

50 % des élèves de primaire (6 à 10 ans) ont déjà vu des images pornographiques.

ALIMENTATION

Au Japon, un thon rouge a été vendu pour la somme de 2.7 millions d'euros. Un record.

Le Mexique est le plus important consommateur de Coca-Cola à travers le monde. La consommation est telle que le pays représente 40 % de la consommation en Amérique du Sud.

La ville de Moscou a accueilli son 1er McDonald's en 1990. Ce fut un franc succès avec une file d'attente de plusieurs kilomètres dès l'ouverture, soit 30 000 personnes, un record mondial. Ce fast food moscovite est le plus grand au monde avec une superficie de 2 500m².
Sur le globe il reste 7 pays sans cette enseigne : la Corée du Nord, l'Islande, la Bolivie, le Ghana, la Macédoine, les Bermudes, et le Zimbabwe.

Le taux d'obésité actuel aux Etats-Unis est de 39 %, il devrait atteindre les 55 % en 2045.

Le Super Bowl fait 103 millions de téléspectateurs mais ce n'est rien à côté de la chaine d'Etat chinoise CCTV, qui génère plus de 700 millions de téléspectateurs lors de la soirée du nouvel an chinois.

La série *Breaking Bad* obtient la meilleure note pour un épisode final 9.9, alors que *House Of Cards* obtient un 2.7.

La série documentaire française, Apocalypse, la Seconde Guerre mondiale a été diffusée dans 165 pays. Permettant à France 2 d'atteindre des records d'audience pour un documentaire, avec près de 8 millions de téléspectateurs pour le dernier volet. Selon le documentariste, à travers le monde, la série a atteint près d'un milliard de personnes.

En moyenne, un flamand utilise 88 fois son téléphone portable par jour.
Les français consultent à 41 % leur téléphone au beau milieu de la nuit.
Le monde compte plus de 4 milliards d'internautes.
En 2019, il y a dans le monde 2 710 000 000 d'utilisateurs de smartphones.

Chaque minute 204 millions de mails sont envoyés, ce qui en fait 3.4 millions par seconde.
Un Québécois pourrait se voir attribuer une amende si le terme « e-mail » serait employé à la place du terme « courriel » dans un

document officiel, commercial ou publicitaire. La contravention pouvant
aller jusqu'à 1 400 dollars.

En terme d'utilisateurs de Facebook les américains ne sont pas les 1ers :
l'Inde représente 300 millions d'utilisateurs quand les USA en
représentent 210 millions.

AVIATION

Le vol le plus long du monde a duré 17 h et 50 minutes pour un
Singapour - New York sans escale.
Le vol New York – Londres (Norwegian) a atteint sa destination en 5 h et
13 minutes. Un record.
Chaque jour il y a plus de 8 495 000 de passagers dans les airs.

Lors d'un accident les passagers près de la queue de l'aéronef ont plus
de chance de survivre que ceux près du cockpit. Le taux de survie à
l'arrière de l'avion est de 69 % et de 49 % pour les passagers à l'avant.

RELIGION

Avec 94 % de religieux la Thaïlande est le pays le plus religieux.
Seul 1 % est athée. Derrière l'ancien royaume de Siam, on retrouve
l'Arménie, la Géorgie puis le Maroc.
A l'inverse, la Chine est le pays le plus athée avec 61 % de non croyants,
pour seulement 7 % de personnes croyantes. Suivent derrière, le Japon,
la Suède et enfin la République tchèque.

La Sibérie a atteint le record de froid avec -71 degrés.
Le point le plus froid sur terre (l'Antarctique) est de -98 degrés.
L'Arabie saoudite atteint le record de chaleur avec 81 degrés.
En juillet 2019, l'Allemagne, la Belgique, le Luxembourg, les Pays-Bas et la France ont enregistré leur record de chaleur le même été.

NATURE

Les chutes d'eau les plus importantes sont le Salto Angel qui se situent au Venezuela. Sa hauteur est de près de 1 km de haut soit plus de 16 fois les chutes du Niagara.

Seul 2 % des fonds marins ont déjà été explorés.

Chaque année 8 millions de tonnes de plastique se retrouvent dans les océans.

La part d'émission de carbone de la France au niveau mondial est de 1 %.

L'animal le plus grand de la planète est la baleine bleue. Le cétacé peut mesurer plus de 30 mètres de longueur et peser plus de 170 tonnes.

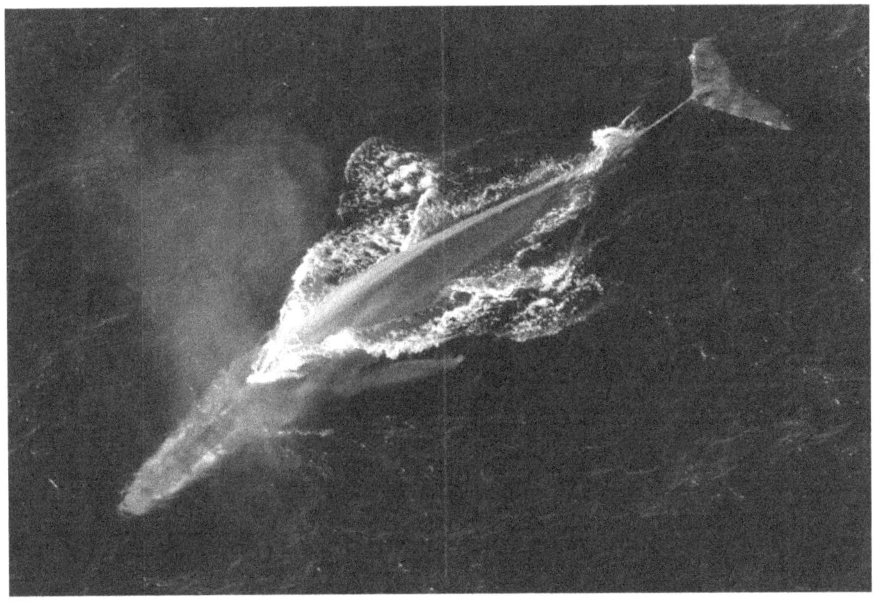

Le Koala est l'animal qui dort le plus longtemps. Ce marsupial dort en moyenne entre 20 et 22 heures par jour, soit 16 ans sur ses 17 années d'espérance de vie.

Le suisse, Stéphane Cand, a parcouru en 6 jours seulement 2 200 km à vélo. Pour son record l'homme de 47 ans a traversé pas moins de 16 pays. En commençant par :
la République tchèque,
suivie de la Slovaquie,
la Serbie,
la Hongrie,
La Bosnie-Herzégovine,
la Croatie,
la Slovénie,
l'Autriche,
l'Italie,
le Liechtenstein,
l'Allemagne,
la Suisse,
la France,
le Luxembourg,
la Belgique,
ainsi que les Pays-Bas.

Le 11 avril 2001, l'équipe australienne de football bat les Samoa américaines 31 à 0. Un record du monde.

Stanley Matthews est un ancien joueur de foot de nationalité anglaise. Il remporte le ballon d'or en 1956, à l'âge record de 41 ans.

Lors du tournoi de tennis à Wimbledon de 2010, l'américain John Isner et le français Nicolas Mahut se sont départagés après un match de plus de 11h. C'est dans un 5ème set que les 2 joueurs se séparent sur un score historique de 70-68 avec la victoire de l'américain. Aujourd'hui, il n'est plus possible de réaliser un tel score, car les règles ont été adaptées.

Le britannique, Fauja Singh, était le plus vieux marathonien du monde, âgé de 101 ans.

Le Formula Rossa est un manège qui se situe aux Emirats arabes unis. Cette montagne russe a une vitesse de pointe de 240 km/h. Ce qui en fait le train le plus rapide du monde.

A l'été 2019, à Utrecht aux Pays-Bas, un garage pas comme les autres a été inauguré. Il s'agit du plus grand parking à vélo du monde. Sa capacité peut accueillir jusqu'à 12 500 vélos.

AUTRE

Le pays du Soleil Levant est le plus propre du monde. 95 % des écoles japonaises n'ont pas de personnels pour le ménage car ce sont les élèves qui nettoient leur établissement. La propreté est partout métros, rues, gares...

Si la Finlande est le pays le plus heureux en 2019, ce n'était pas le cas en 1990 avec son taux de suicide qui était le 2ème plus élevé au monde.

57 % des français se douchent tous les jours.

En Inde, une femme établit un record, en donnant naissance à des jumelles à l'âge de 74 ans. Elle a eu recours à la fécondation in vitro.

Le plus grand casino du monde ne se trouve pas à Las Vegas mais à Macao (région autonome de la Chine). Le casino est aussi l'hôtel le plus grand d'Asie et le 2eme du monde. Il contient 850 tables de jeux, 4 500 machines à sous, 3 000 suites et 1 stade de 15 000 places.